# LA VIVE FOY

ET LE RECIT FIDELE de ce qui s'est passé dans le voyage de la Redemption des Captifs François, faicte en Alger par les Peres de l'Ordre de Nostre-Dame de la Mercy Redemption des Captifs, les mois de Mars & d'Auril 1644.

*DEDIEE A NOSSEIGNEVRS des Estats de la Prouince de Bretagne, par le R. P. Edmond Egreuille, Religieux Predicateur dudit Ordre, & Procureur General pour la Redemption en ladite Prouince de Bretagne.*

A PARIS,
Chez LOVYS FEVGE', ruë des sept Voyes au College de la Mercy.

M. DC. XLV.
*AVEC PERMISSION*

# A NOSSEIGNEVRS
# DES ESTATS
## DE LA PROVINCE
## DE BRETAGNE.

OSSEIGNEVRS,

*Les Peres Religieux de Nostre Dame de la Mercy institués pour la Redemption des Captifs, qui se presenterent à vous aux Estats derniers en ma Personne, comme leur Procureur general, m'ont chargé de vous les representer encore icy, auec leurs tres-humbles Remerciements de la Pro-*

messe que vous leur fistes d'auoir égard à leur Requeste : & loüent vostre Prudence d'en auoir differé l'execution, sur les contestations qui se trouuerent alors entre eux & les Religieux Trinitaires, pour l'employer auiourd'huy auec plus de fruict & de seureté. Ils ont despeché depuis, trois de nos Religieux en Alger, qui en ramenerent au mois d'Auril dernier cent cinquante cinq Esclaues : qui n'eussent peut estre faict que la moindre partie de leur Rachat, si les Peres de la Trinité n'eussent point vsurpé vos charitez sur eux contre les Reiglements du Roy. Nos Peres vous presentent cette Relation des benedictions particulieres qu'il a pleu à Dieu donner à leur zele, pour satisfaire à vostre Pieté : & vous coniurent par les entrailles de sa misericorde & la gloire de son Christ, d'auoir compassion des Captifs qui languissent Esclaues entre les mains des ennemis de son Nom. Les vingt-huict naturels de voſtre Prouince que vous trouuerez compris en cette liſte vous y conuient pour ceux qu'ils y ont laiſſé, Noſtre Religieux qui y eſt demeuré en gage pour le reſte des ſommes de leur Redemption attend voſtre ſecours, & peut eſtre plus de cinq cens ames, que les miſeres de leurs Eſclauage metrent auſſi bien en peril de la foy que de leurs vies, beniront vos liberalitez. Tout noſtre Ordre ſe prepare d'offrir en general à Dieu leurs vœux auec vos offrandes pour la proſperité de voſtre Prouince, & vous en receurez ce teſmoignage en particulier, de la foible deuotion.

NOSSEIGNEVRS.

de Voſtre tres-humble, tres-obeïſſant
& tres-fidele ſeruiteur.
F. EDMOND EGREVILLE.
Religieux de la Mercy.

*LA VIVE FOY ET LE
recit fidelle de ce qui s'est passé au
voyage de la Redemption des Captifs François, faicte en Alger par
les Peres de l'Ordre de Nostre
Dame de la Mercy Redemption des
Captifs, les mois de Mars & Auril
1644.*

L'ORDRE de Nostre Dame de la Mercy, Redemption des Captifs, ayant esté institué l'an 1218. par vne reuelation de la sacré Mere de Dieu, laquelle apparut à trois persones de grande authorité & pieté, sçauoir Iacques premier Roy d'Arragon.

Sainct Raymond de Pengnaford de l'Ordre des Iacobins son Confesseur, & à S. Pierre Nolasque qui estoit comme le Grand Escuyer de sa Majesté, & leur manifesta que l'intention de son Fils & la sienne estoit qu'on instituât vn Ordre sous son Nom, qui par vœu trauaillasse à la Redemption des Captifs. Cette vision estant de grand poids auoit besoin d'estre communiquée, le Roy assembla le Clergé de Barcelone & les plus principaux de sa Couronne, fit proposer ce qu'il auoit veu, ce qu'il auoit entendu, & souftenu qu'il estoit de ces deux grands Personnages, eust bien tost resolu sous le bon plaisir du Pape l'establissemēt de cet Ordre. Sainct Pierre Nolasque Gentilhomme François de Nation, nay dans le Diocese de S. Papoul, en vn lieu appellé apellé le Mas de sainte Puelles, comme François monstra auoir le cœur genereux, & de libre qu'il estoit voulut estre le premier esclaue de cet Ordre, & fut assisté de sept ou huict Gentilshommes, qui poussés de pieté & de son exemple accepterent l'habit de Nostre Dame de la Mercy, & firent vœu de racheter les Captifs, de trauailler puissamment pour leur liberté, soit par leurs soins, leurs biens & leurs vies. Fondez qu'ils estoient sur la plus haute charité, qui piquant leur cœur de compassion des peines que souffrent ceux que la tyrannie des infidelles tient sous vn dur esclauage, & en mesme temps de tendresse & desir de les soulager en leurs peines.

Ces grands Religieux ne mirent pas long-temps à mettre en execution ce vœu essentiel, qui est le qua-

B

triefme de l'Ordre, qui porte que les Religieux s'obligent d'aller en Barbarie, & là de demeurer en ostage pour la liberté des Captifs, en cas de necessité. Et cette necessité s'explique, qu'en cas qu'vn Captif Chrestien ne pouuant souffrir les tourments, veuille nier sa foy & embrasser la fausse loy des Turcs, pour lors les Religieux qui sont en ces pays infidelles pour faire le rachapt, sont obligés par vœu, si l'argent leur manque, de demeurer en la place de cet Esclaue penchant & prest à tomber, pour sauuer son ame, embrassant en cela de cœur & d'affection ce que dit Nostre Seigneur à ses Apostres, que qui que ce soit ne peut auoir vne charité plus noble & genereuse que d'exposer sa vie pour celle de ses amis. Cet Ordre ayant receu la confirmation du S. Pere, receu de grands priuileges de sa Sainctété & des Roys, a exercé póctuellement cette charité de la Redemption des Captifs. De nommer toutes les Redemptions, qui ont esté faictes depuis son establissement, ce ne seroit pas vn petit liure, il faudroit vn volume.

De vous parler de celle qu'vn Religieux François fit à Salé, ville dependante du Royaume de Maroc, en l'année 1631. où il demeura prisonnier pour la rançon de dix neuf Esclaues François, lesquels apres leur liberté il amena à Paris où ils furent receus Processionellement par les Religieux du mesme Ordre, outre que cette action a esté visible aux yeux des peuples, il ne faut que voir les certificats du sieur du Challard, pour lors comme Ambassadeur de sa Maiesté vers le Roy de Maroc, &

du sieur de Hallary Capitaine de la Marine, natif de Rosco en basse Bretagne.

De vous parler de celle que les Religieux de cet Ordre firent l'an 1633. de 45. Captifs qu'ils ramenerent de Salé, cette Redemption a paru en son temps, auec autant d'esclat que de gloire pour cet Ordre.

De vous parler aussi de celle que les Religieux de cet Ordre firent l'année 1634. au nombre de quatrevingt dix-sept qu'ils allerent presenter aux pieds de sa Sainteté, qui raui de ioye & de pitié donna sa Saincte Benediction à ces pauures deliurés, & les fit nourrir trois iours, la relation en a esté veuë à Paris, dans le mesme temps que la nouuelle en vint de Rome.

Mais il est raisonnable, & il y a de

la gloire de Dieu & de la Vierge fondatrice de cet Ordre, qu'ó sçache ce qui s'est passé de cet Auguste Redéption que l'on a faite l'année passée de cent soixante trois esclaues François par les Religieux Fráçois de cét Ordre, qui poussez du mesme zele & de la mesme pieté & charité que leur premier Pere sainct Pierre Nolasque, dont le prototype estoit celuy qui le premier a esté le Redempteur des hommes.

Les Superieurs de cét Ordre apres auoir enuoyé des Religieux aux Prouinces qu'il a pleu à sa Majesté tres-Chrestienne leur assigner pour faire les questes pour vn œuure si charitable, & ayant amassé les sommes qui estoient fort modiques, appuyez sur la prouidence de Dieu & sur la Charité, pareille à celle que dépeint l'Apostre, ordonnerent trois Religieux pour aller en Alger, sçauoir les Reuerends Peres Frãçois Faure & François Faisan Bacheliers en Theologie, & Sebastien Brugiere, tous trois Prestres, qui ayant receu lettres & passe-ports du Roy en bõne forme & de Monsieur le Duc de Brezé Admiral des mers, & General des armées naualés de sa Majesté, & la Commission de l'Ordre, apres beaucoup de risques & de trauaux tant sur mer que sur terre, sont arriuez en Alger, & ont racheté le nombre des Esclaues cy-dessus mentionnez, ainsi qu'on verra par le rapport fideile tracé dans ce cahier.

Ces trois Religieux ayans esté deputez à cet Auguste exercice du rachapt des Esclaues Chrestiens detenus dans les terres d'Alger, se rendirent à Marseille le 9 Decembre 1643. où ils furent obligez d'attendre jusques au second de Feurier, soit pour attendre les sommes qu'on leur faisoit esperer, soit pour les peines & trauerses qu'ils eurent au nolisement de la barque (les ennemis iurez de cet Ordre sacré que la discretion empesche de nommer) faisant leur effort à ce qu'il n'en trouuassent point. Enfin nonobstant ils en trouuerent vne qui fut bien chere, puisque d'vne moitié ils furent obligez de payer trois cens vingt cinq piastres, sans compter les droicts d'entrée & sorties, consulats, & autres fraiz qu'ils doiuent payer en Alger.

Ce marché estant arresté auec le Patron, & le temps de partir estant determiné ils s'embarqueret le 2. de Feurier apres auoir rédu leurs vœux à Dieu, & leur hommage à leur chere mere & maistresse la tres-sain-

&c Vierge, de laquelle heureusement on celebroit la feste de la Purification, accompagnez de quatre Peres Augustins du grand Conuent, qui pendant leur sejour les auoient hebergez chez eux auec vne charité incroyable, firent voile sur les deux heures apres minuit du troisiéme iour estant vn peu auancé en leur route ayant leué la Mestre son Anthene se couppa, ce qui estonna les Matelots, qui implorerent le secours de saincte Anne, à laquelle ceux de la Prouence, comme ceux de la Bretagne, ont vne particuliere deuotion en leur nauigation, & la prierent de conseruer le reste. Leur estonnement n'empescha pas de continuer leur route, se seruant de la misene, & dans cet estat ils coururent cinquante mille auant dans leur route, mais la mer s'esle-
uant

uant de plus en plus & le vent se rafraichissant leur Anthene du treu ou Missene se couppa en deux, dont la cheute des pieces & des voiles pensa faire tourner la barque, & tuer trois ou quatre Matelots. Ce fut là ou on redoubla les vœux pour obtenir les faueurs de saincte Anne implorée, à laquelle la barque auoit esté dediée. Le mauuais temps s'appaisa, & ce fut vn coup de la prouidence de Dieu, car s'il les eust pris plus auant, le naufrage leur estoit ineuitable, veu que les Patrós, quoy qu'experimentez en leur art, estoiét hors de consolation, de sorte qu'il fallut relascher vers Toulon, esloigné de quatre-vingt milles du lieu où ceste fortune leur arriua, & cet accident les rendit plus sages & mieux aduisez, accommodant le vaisseau à neuf de ce qui estoit ne-
C

cessaire à leur nauigation.

Ils arriuerent le lendemain à Toulon sur les neuf à dix heures du matin, & n'eurent pas pluftoſt mis à terre qu'ils voulurent recognoistre par leurs actions de graces les faueurs qu'ils auoient receuës de la bonne Vierge & de sa saincte Mere. A cet effect lesdits Peres Religieux accompagnez de la pluspart de ceux de la barque s'acheminerent pieds nuds, obligez à ce vœu, à vne Chapelle baſtie à sa gloire nommée noſtre Dame Dentre-vignes, où les meſmes Religieux vouloient celebrer la Messe, mais n'y trouuans pas des ornements, firent leurs prieres, & ne voulans pas passer ce iour ſans offrir Dieu à Dieu meſme, furent aux Peres Capucins, où tous trois dirent la Messe, & apres ſe retirerent dans vn logis pour prendre le repos qu'ils auoient perdu la nuit precedente.

Le lendemain 4. dudit mois, ils furent accompagnez de tous ceux de l'equipage & de leur famille dire la Messe à vne Chapelle dediée à saincte Anne, remply de vœux que les Matelots y rendent en actions de graces: & apres leurs deuotions se retirerent dans la barque pour s'en seruir comme d'vn Cloistre, & y faire les exercices de Religieux.

A la verité ils vescurent dans vn grand calme au port de Toulon: les Matelots impatiens de demeurer les bras croisez; & dans la crainte que ce retardement ne leur causât la perte de l'employ qu'ils s'estoiēt procurez à leur retour dans l'armée nauale de nostre Roy, les obligea de faire presenter la prouë à la mer, & essayer de passer dans le Golfe de

Lyon qui leur auoit eſté ſi contraire leur depart de Marſeille, mais ils le trouuerent plus en colere que iamais, & inacceſſible encore à ce coup, ce qui les obligea de relaſcher pour la ſeconde fois, & de moüiller l'ancre à demy lieuë au deça de Toulon iuſqu'au Dimâche matin que les Peres ſe firent porter à terre pour dire la Meſſe, apres quoy ils retournerent en la barque, & le vent ſe rendit bon pour la route, & continua ſi bien, que le Lundy matin tous les Matelots ſe rendirent au bord, & apres auoir chanté les Litanies de la Vierge, l'Antienne de ſainct Pierre Nolaſque leur premier Religieux, & demâdé leurs ſecours en ce voyage, on leua l'ancre, on mît en mer, & firent vn aſſez bon ſillage, ſçauoir de ſix vingts milles, depuis ſept heures du matin iuſqu'à cinq heures du soir, toufiours vent en poupe sur le soir. L'ennemy des bonnes & sainctes actions portant enuie à leur bon-heur, & voyant qu'vne trop prompte arriuée en Alger luy pourroit rauir beaucoup d'ames qui estoient à moitié dans ses reths, ou plustost Dieu le permettant ainsi pour esprouuer les cœurs de la constance de ses Religieux contre les bourasques de cet element inconstant, & les obliger d'auoir toufiours les yeux tournez vers sa bonté, le vent se tourne, la mer se grossit & semble vouloir engloutir la barque: Les Matelots pour lors taschans de resister à la rigueur, changent les voiles pour ne luy donner pas tant de prise ; mais la barque n'ayant point de deffences ses garde-coups estans fort bas. Vne manimure enleue vn des Matelots, & le meilleur de l'equipage, soit pour l'intelligéce qu'il auoit de cette Mer, soit pour la cognoissance des terres, soit pour ses bonnes mœurs & pour la modestie qu'il marquoit en toutes ses actions, & se noya apres auoir combattu les flots pendant vn gros quart d'heure sans qu'on luy pût donner secours.

C'est à ce coup que ces pauures Religieux & les plus adroits Matelots le croioient tous suiure, car ce coup de perte donna si auant dans le cœur de tous ceux de l'equipage, que depuis le plus grand iusqu'au plus petit ils laissent leurs manœures, le Pilotte son gouuernail, les Matelots iettent les barrils à conseruer de l'eau dans la Mer, pour donner le moyé à quelquesvns de se sauuer, les Patrons demandent des haches & des cousteaux pour couper les cordages qui tiennent la chalou-

pe pour mettre en Mer, & adiouste
à cela les coups de Mer coup sur
coup dans la barque, le roulis de laquelle
estoit si rude, qu'il destachoit
les quesses quoy que bien attachées,
bref on n'entend que des cris pitoyables,
on laisse la barque à l'abandon
des vagues, & on ne minute
rien moins qu'à se sauuer, s'imaginant
que la perte de ce ieune homme
doit estre accompagnée de toute
celle de l'equipage, tous crient
misericorde, & pendant ces cris les
Religieux taschent à ramener ces
gens les vns apres les autres, les remettans
chacun à leur Mamure, &
suiuent leur route, & guarantis de ce
coup ils chanterent des prieres pour
ce pauure deffunct, & meslans les
larmes auec les prieres, remercierent
Dieu de ce qu'il les auoit garantis
du naufrage.

La nuict dans ce temps les surprend, & n'aprehendant plus tant la Mer que la terre approcherent des Isles de Maillorque & Minorque, quittent toutes leurs voiles & ne portent que le petit Trinquet, pour tenir vn peu la barque en estat. La nuict s'estant vn peu escartée, l'Aurore leur fut fauorable, promettant le iour, qui arriué leur fit descouurir vn Corsaire, qui leur donna la chasse pendant quelque heure, ce qui obligea les Matelots de mettre toutes les voiles hors, si bien que ce Corsaire voyant que ses aisles n'estoient pas si fortes que les leurs, il prit vn autre bord & les quitta, & quant & luy ce peu de calme qui leur auoit si bien aydé à fuïr, qui donna place à vn orage qui leur fit changer de voiles & remettre le Tru & Gabi, ils continuerent la iournée

née & la nuict du quinziesme dans vne continuelle bourasque, de gresle, de pluye, de tonnerres, de brouillars si espais, que les Matelots ne sçachans où ils estoient ont recours à saincte Claire, demandans en sa faueur du iour pour descouurir le iour où ils estoient, auec promesse que firent les Religieux de dire Messe au premier lieu où ils se trouueroient.

Le Ciel pressé de leurs vœux, & Dieu touché de pitié de leurs afflictiõs, leur enuoia le calme le matin, auec vn petit vent frais, qui leur ayda à remettre leurs voiles, & à gagner le port de Bougie, esloigné de cinquante lieuës d'Alger, que le mauuais temps leur auoit faict passer.

Ils prirent donc port dans Bougie, lieu qu'ils reuererent de cœur &

D

d'affection, pour auoir esté le theatre où l'vn des Bien-heureux Peres de cet Ordre sacré respandit son sang pour la Foy de Iesus-Christ, c'est à dire que cette ville a esté le lieu où S. Pierre Armengol Religieux de Nostre Dame de la Mercy, souffrit vn double martyre, la premiere fois il fut pendu, à cause du retardement de l'argent que ses Confreres auoient promis de porter, pour le payement des Esclaues qui auoient esté deliurés, & pour lesquels il estoit demeuré en ostage, duquel martyre il fut deliuré par merueille, la sacrée Vierge luy estant fauorable, empescha que la corde coupast le fil de sa vie, & le soustint par les pieds esleué pendant le temps de trois iours, que les Peres qui apportoient sa rançon arriuerent : & la seconde fois il fut bruslé tout vif, pour auoir conuerti le Roy de ce pays, & qui depuis fut Religieux Profes de ce diuin Ordre, & fut nommé Frere Iean de saincte Marie: sa famille & beaucoup de ses subiets receurent aussi le Baptesme & la Foy de ce sainct Armengol: en suitte de son martyre son compagnon fut crucifié.

Dans ce port milles inquietudes se saisissent de leur cœur, & leur esprit fut combatu de diuers sentiments, ils ne sçauoient s'ils deuoient mouiller l'ancre ou s'ils deuoient mettre en Mer; mais ce qui les surprit dauantage, fut la descouuerte qu'ils firent d'vn Nauire d'Alger, conduict par vn Corsaire Renegat François, natif de Bayonne, qui d'abord qu'il les eust apperceu, pensant faire sa proye de ces Champions de Iesus-Christ & de leur equipage,

D ij

met sa chalouppe hors, l'arme de quinze à seize Rammes, auec autant d'hommes, plus barbares qu'humains, pour sçauoir de pres quels ils estoient & d'où ils venoient: dans cette perplexité se resolurent de parler à la sentinelle du Chasteau de Bougie, qui de la part du Gouuerneur les aduertit d'auancer, & de ne se ioindre pas de si pres à vne si mauuaise compagnie.

Il est bien asseuré que Dieu ne delaisse iamais les siens, ces bons Religieux sortent du bord, demeurent vingt-quatre iours dans Bougie, caressez & traitez par ceux de la ville, qui se rendoient de barbares charitables, voyans & considerans leur zele, tandis que la Barque estoit au port agitée d'vne continuelle tempeste, vents impetueux, & d'vn téps extraordinairement mauuais, Pendant leur sejour, on donna aduis à ceux d'Alger qu'ils estoiët arriués en ce port, où le mauuais téps les auoit portés, & qu'ils estoient dans le dessein d'y aller au premier beau-téps, pour y faire rachapt des Esclaues François ; mais le mauuais temps continuë tousiours & auec tant de violence, que deux gros Nauires d'Alger, qui estoient venus en ce quartier là pour changer les garnisons de Bougie, de Gigeri & de Bonne, perdirent leurs Ancres, furent contraincts de coupper leurs Mats & ietter leurs canons pour leur seruir à tenir leur Vaisseau, & infailliblement s'ils eschapperent dans ce notable danger, ce fut par les prieres que firent les pauures Esclaues François qui estoient dedás, que Dieu exauça & qu'il consola, par la liberté qui leur fut donnée si-tost qu'ils furent arriuez.

Pendant ce mauuais temps le bruict court en Alger qu'à leur depart de Bougie, où ils estoient encore, ils s'estoient eschoüés, & auoient perdu les tresors qu'ils portoient ( qu'ils estimoient plus gràds qu'ils n'estoient pas) le General des Galeres, le Cheleby dit Pychelin, plus chaud à la proye qu'vn Tygre affamé, se resoluoit d'enuoier vne de ses Galeres pour sçauoir des nouuelles asseurées, lors que ces bons Peres paroissent comme des Ionas sortis du ventre de la Mediteranée. A leur aspect & à leurs approches, toute la ville d'Alger est en ioye, tout le monde se resiouït, les Turcs & les Chrestiens : les Turcs sous l'esperance d'auoir de l'argent, les Chrestiens de r'auoir leur liberté : soudain qu'on eust mouïllé l'ancre, ils furent abordés d'vne Chalouppe Turque, dans laquelle estoit la Garde du port, pour receuoir les voiles de la Barque, de peur de quelque fuitte premeditée, (à ces bós Peres n'auoiét iamais pensé,) le Truchement, le Chancelier & le Consul de la Nation Françoise estoient aussi dans la Chalouppe, qui apres vn reciproque salut, les firent entrer dedans pour les conduire à terre, les mener à la ville pour faire leurs premiers complimentes aux personnes de la plus haute consideration, comme au Bacha, General des Galeres, le Laga, le Grand More &c. Apres ces deuoirs rendus, ils furent conduits dans la maison du Consul, qui leur auoit preparé le disné, auec autant de splendeur & de magnificence que le pays le pouuoit permettre, ny luy, ny ses gens, ne furent pas maistres de ses portes, chez luy il n'y auoit que des processions continuelles des pauures Esclaues, & ce repas fut souuent interrompu par les baise-mains & salutations que les barbares mesmes venoient rendre à ces Peres.

Mais cependant que les vns leur rendoient des honneurs, les autres vont dedans la Barque, fouillent par tout, ouurent les coffres, les caisses, remuent tout sans dire mot à leurs gens, par vn secret incognu, mais depuis euanté, c'est que le Cheleby General des Galeres, les crût sur-surprendre, sur l'aduis qu'il receut (d'vn des aduersaires de leur Ordre pour lors en Alger) qu'ils portoient quarante mille escus, qu'vn Grand Seigneur de France auoit legué pour le rachapt des Esclaues: la fourbe de cet ennemi picqua d'autant plus

plus le Cheleby que les bons Peres ne luy manifesterent que deux mille escus, & s'imaginant qu'ils le vouloient tromper, & qu'ils auoient caché cette somme pour éuiter d'en payer les neuf & demy pour cent suiuant le traicté qu'en auoit fait le Pere Lucian Trinitaire à son voyage precedent, chassa leurs gens de la barque & y mit des gardes, qui firent des choses estranges, car ils leuerent le lest, percerent les bariques d'eauë & de vin, desmonterent iusqu'au foyer, mais leur malice les aueugla tellement qu'ils n'apperceurent pas vne vingtaine de piastres que le Patron auoit mis parmy les cendres: satisfait de ce bouleuersement pour la descouuerte de ce thresor incognu, & estonné de la fourbe & du faux rapport de ce pe-

E

tit, mais mal entendu prophete, peu s'en fallut qu'il ne le mist à la cadene.

Cela fait, il fallut venir au traicté pour le rachapt de ces pauures malheureux: le Cheleby fait appeller ces bons Religieux, leur demande ce qu'ils pretendoient faire: Ils luy firent responfe, qu'ils n'eftoient là que pour recognoistre le pays, & voir s'ils estoient gens de bonne foy, & si à l'aduenir le trafic leur seroit permis auec eux, & que dans ce dessein qu'ils auoient conceu auant que partir de France, ils auoient eu ordre de Monseigneur le Duc de Brezé de traicter de l'eschange des Turcs qu'il auoit pris l'année passée, auec ceux de ses equipages qui furent pris peu auparauant sur l'Hopital de l'armée Nauale de sa

Majesté tres-Chrestienne. Alors le Cheleby iugeant qu'ils feignoient leur dessein, leur repartit brusquement que ses Esclaues valoient de l'argent, & qu'il en pretendoit de grosses sommes, mais que pour les Turcs dont il estoit question, il n'en falloit point esperer l'eschange, pource que la plufpart n'auoit pas vn Aspre vaillant, qui ne vaut qu'vn liard, & que s'ils n'en venoient à quelque autre traicté, ils ne s'en retourneroient pas trop satisfaits, & pourroient se repentir de ne pas agir d'vne autre façon auec luy.

Ledit Cheleby leur donna terme quelques iours pour penser à ce qu'ils deuoient faire, ou plustost à ce qu'ils pourroient faire. Quelques iours escoulez pendant que les pauures Religieux souffroient estrangement de crainte de s'en retourner sans Esclaues, ou d'vn extreme engagement ; La Charité les emporta, & ne pouuant laisser le sang de leur Maistre captif, ne peurent esuiter de s'engager d'vne somme notable.

Le Cheleby les fit r'appeller, & leur demanda s'ils auoient pensé au traicté dont il leur auoit parlé, qu'il falloit qu'ils se pressassent à faire leurs affaires, parce que les Galeres estoient sur leur depart, & si elles estoient vne fois en mer, ils ne pourroient partir de trois mois ( car c'est vne coustume en ce pays, que lors que les Galeres sortent, il n'est papermis aux vaisseaux estrangers de sortir d'vn mois auant, & de trois apres.) Ces pauures Religieux luy representerent le peu d'argét qu'ils auoient, qui n'estoit pas capable de payer les droicts des portes pour vne si grande quantité de monde, & que plustost qu'ils s'engageassent à vne si grosse somme il les prit pour ses Esclaues, & donnast la liberté à tous ses gens. Ils demeurerent long temps dans ce combat, alors il leur dit, qu'ils ne s'estonnassent pas pour de l'argent, qu'il en auoit pour eux, & qu'il ne falloit que conuenir de prix : Il leur demanda vne somme immense qui estôna les pauures Peres à tel point, que luy ayans fait entierement refus, se retiroient pour recommander l'affaire à celuy qui les protegeoit, qui estoit Dieu. Il les fit r'appeller pour côclure qu'il leur falloit donner de chaque teste cent cinquante cinq piastres, contant le droict des portes qui est de trente piastres par teste, qu'autrement il leur feroit perdre leur Barque, leur argent, & leurs personnes. Necessité n'ayant point de loy, & d'ailleurs la charité les emportant, le traicté fut bien-tost conclud.

Ce traicté fait de l'equipage, ils conclurent bien-tost le rachapt de ceux qui auoient fourny quelque argent à l'auancement de leur liberté, & d'autres dont la misere donnoit de la pitié, parmy le nombre desquels il leur en fallut prendre huict par force, desquels ils ne pouuoient pretendre aucune maille, & qu'on leur fit acheter à deux cens piastres la piece : sçauoir deux du Pacha, deux du Diuan, deux de la

Doüane, & deux du grand More, encore au choix des Barbares. Dans ce traicté ils furent encore troublez par des particuliers pour des gens de l'Hospital, car quoy qu'ils eussent esté d'accord auec le Cheleby, & qu'ils fussent censez à eux, quelques Barbares interessez en la personne de quelques Turcs de leurs parents qui estoient à Toulon dans le nombre de ceux qui furent pris par le sieur de Brezé, ils se saisirent entre autres du Medecin pour lequel il leur falloit respondre de cinq cens escus; d'vn R. P. Cordelier Aumosnier sur l'Hospital, pour lequel ils furent obligez de donner vn Capitaine, & pour le Chirurgien qui fut saisi par vn fol, autrefois Laga, vne des principales dignitez qui soit parmy les Infidelles, pour lequel il fallut s'engager de luy rendre son

fils qui estoit à Toulon, & de la façon contenterent ces particuliers.

Mais si le Cheleby est content,
si ces particuliers sont satisfaits; le
Maistre gronde, le Bacha veut auoir
part au gain, & demande sa part de
l'argent, il enuoye vne de ses gardes appeller le truchement auec cō-
mandement de les amener: Ils allerent alors au Chasteau à couuert des
aisles du Cheleby. Ce Bacha d'a-
bord se met en colere, dit qu'ils
auoient changé les loix & les cou-
stumes, qu'ils deuoient prendre
vingt de ces esclaues. Ils respondent
à cela qu'ils en sont releuez par le
traicté nouuellement fait par le Diuan, & que luy payant sa part du
droict des portes ainsi qu'ils auoient
fait, comme il apparoissoit par le
passe-port qu'ils auoient receu, il
n'auoit pas subiet de se plaindre
d'eux;

d'eux, il proteste au Truchement & Consul de leur depart : on court promptement au Cheleby pour li y faire le raport de ce qui s'estoit passé, il s'en mocque, rasseure ses paures Religieux & bannit la crainte de leurs cœurs, il se rit du Bacha comme d'vn homme qui n'en portoit que le nom sans l'authorité, & leur commanda qu'ils se tinssent prests à partir le lendemain le 16. Auril iour de Dimanche.

La ioye commence à paroistre sur le visage des Esclaues libres, ausquels ils auoient donné aduis du depart & à qui la nuict fut plus longue que d'ordinaire, & l'Aurore n'eust pas plustot dissipé les tenebres & faict voir son œil esclatant, qu'ils se rendent tous à la porte des Peres Redempteurs, pour les conduire au Baigne du Cheleby, où ils celebre-

F

rent la saincte Messe, les obligeant au prealable de se Confesser tous, de demander pardon à Dieu des offenses qu'ils pouuoient auoir commises dans ces terres, & implorer les faueurs de sa Diuine Maiesté pour reuoir celles de leur naissance, ce qu'ils firent auec vne grande deuotion, qui donna au cœur de tous ceux qui restoient. De là ils furent prendre leur repas, pour venir reprendre les Religieux, & tous ensemble aller demander congé au Diuan, qui d'abord s'estonnant de voir cette troupe nombreuse, s'imagina qu'ils emmenoient tous les esclaues & qu'on les mettoit en estat de laisser leurs terres incultes, (parce que ce n'est que par le trauail des Esclaues qu'elles sont renduës fecondes.) Le Cheleby qui faisoit pour ces Peres, ou plustot pour luy, le defabufa. Ce Diuan enragé trouue vne autre difficulté, capable en apparence de les arrester, sçauoir le depart des Galeres: le Cheleby pare encore ce coup, & asseure que la Barque qui part est sienne, aussi-bien que les Galeres, & qu'ainsi ne soit son Iuif est dedans, qui vient receuoir les sommes dont les Religieux sont engagés, & pour lesquelles ils ont laissé le R. Pere Sebastien Brugiere pour cautiō & ostage. Vaincus de ces responses il leur donnent congé & depute vn des principaux de sa Cour pour faire la visite de la Barque, & voir s'il n'y auoit pas quelqu'vn au delà du nombre qui auoit paru à ses yeux.

Ces deux pauures Religieux tristes & ioyeux tout ensemble, tristes de laisser là leur Frere en ostage, ioyeux de remporter ces sainctes despouilles, & le rachat du precieux sang de Iesus, s'en vont, les Chaloupes les viennent receuoir à la foule, mais les Esclaues libres impatiens de se voir hors de ces terres estrangeres, n'attendent pas qu'elles arriuent à terre, mais se iettent à corps perdu à la nage pour se rendre plustot au bord de la Barque, d'autres se iettent à la foule dedans les Chalouppes, & renuersent leurs compagnõs dans la Mer, sans dessein pourtant de leur faire du deplaisir, tout ce mal se terminant à changer quãd ils seroient dans la Barque. Parmi cette confusion si grande à la veuë de trente mille personnes, deux François que ces Peres n'auoient peu racheter au defaut de finances, se sauuerẽt dans le bord au déceu de tous ceux de l'esquipage, excepté deux de leurs camarades.

La visite faite, la Garde du port leur fait mettre les voiles au vent; ayant euité Scylle ils tombent dans Caribde, on entend murmurer de ces deux Esclaues qui s'estoient eschappés, tout le monde crie qu'il les faut ietter dans la Mer; entr'autres le Patron; les plus posés & qui se seruirent mieux de la raison, ayans appellé tout l'esquipage, composé de cent quatre-vingts hommes, parmy lesquels estoient ces deux malheureux, qui n'attendoient que le coup de la mort, ils representent qu'ils appartenoient aux principaux d'Alger & partant qu'il ne leur falloit pas faire mal, que si pourtant on les renuoyoit pas le R. P. Sebastien qui estoit en ostage couroit risque d'estre bruslé, le Consul François mal traicté, le Visiteur de la Garde du port ietté dans la Mer, que les Galeres estoiet prestes, que si elles couroient sur eux ils estoient en danger d'estre Esclaues tous tant qu'ils estoient, & partant qu'il estoit necessaire pour leur salut de se seruir du manteau de la nuict & les renuoier à terre: conseil qui fut pris, resolu & en suitte executé, & semble que Dieu leur eust donné le calme à ce dessein, veu qu'à mesme temps que la Chalouppe fut de retour, ils eurent vn vent fauorable qui les porta iusques dans le port de Toulon en quatre iours, accompagnés de cent quarante-sept Esclaues libres, François, comme il appert par l'atestation de Messieurs de Toulon, que nous auons iugé estre à propos d'inserer icy mot à mot, pour en apres faire voir le nom des Esclaues rachetez, l'âge & leur pays, & les sommes dont chacun d'eux à esté racheté.

*Attestation de Messieurs de Toulon touchant le Rachapt fait par les RR. Peres de la Mercy.*

NOvs Charles Cabasson, Barthelemy d'Habac, & Charles Astouret Escuyers & Consuls, Lieutenans pour le Roy au Gouuernement de ceste ville & Cité de Toulon, Seigneurs de la Valdarene soubsignez, certifions & attestons à tous qu'il appartiendra que les RR. Peres de Nostre Dame de la Mercy de la Redemption des captifs Chrestiens, sont arriuez en ceste ville de Toulon le 24. du mois d'Auril auec la Barque Patronisée par Iean Audibert, dit Lombardon, de ladite ville, venant de la ville d'Alger pays de Barbarie, auec quantité d'Esclaues Chrestiens qu'ils ont rachetez, dont les noms & surnoms sont cy-apres exprimez : Et pour estre la verité réelle auons fait expedier le present certificat ausdits RR. Peres par l'vn de nos Archiuaires, aux fins de leur seruir ainsi & pardeuant qu'il appartiendra, & à iceluy fait apposer le cachet des Armoiries de ladite ville. Donné à Toulon ce dernier Auril 1644. Caballon Consul, d'Habac Consul, Astouret Consul, par mandement de Messieurs les Consuls, l'Anthelme Archiuaire.

*Rolle*

*Rolle contenant le nombre, l'âge, le nom, & le pays de ces mesmes Captifs, & la somme dont chacun d'eux a esté racheté.*

## De la Prouince de Bretagne.

### De l'Euesché de Nantes.

Frederic Toucheron natif de Blin aagé de trente ans, couste 125. piastres, & 30. pour les portes.
Iean Pelault de la Salle, natif de la Roche-Bernard 214. piastres.
Iean Daniel le Poligain aagé de 27. ans 250. piastres.

### De l'Euesché de S. Malo.

Iean de la Marre natif de S. Malo aagé de 14. ans 600. piast.
François Brignon aagé de 22. ans,

G

500. piastres.

Iean Richaume âgé de 20. ans. 400. piastres.

Guillaume Goussard âgé de 28. ans. 230. piastres.

Iacque Roussin âgé de 35. ans. 230. p.

Iean Renard âgé de 30. ans. 230. pia.

Iacques Ruffin âgé de 30. ans. 230. p.

Charles Guillot âgé de 30. ans. 140. piastres.

Iacques Rousseau âgé de 33. ans. 245 Piastres & demy.

Oliuier Litré âgé de 33. ans. 145. pia.

Louys Dugué de Cancalle âge de 40. ans. 171. piastres.

Pierre Rochetel de la Cité proche de S. Malo âgé de 36. ans. 230. piast.

Areus Fauber âgé de 45. ans. 230. pia.

Iean du Chemin aagé de 28. ans. 125. piastres & 30. pour les portes.

Estienne Pirou aagé de 30. ans. 125 piastres & 30 pour les portes.

*De l'Eueſché de Vannes.*

Guillaume Benoiſt de l'Iſle Dars pres de Vannes aagé de 45. ans 100 piaſtres & 30. pour les portes.

Yuon Lacor Faquelet natif de Morbian aagé de 15. ans 115. piaſtres. Celuy-là alloit renier ſi on ne l'euſt racheté, & eſt encore entre les mains du R.P. Sebaſtien, l'oſtage.

*De l'Eueſché de S. Brieux.*

Baptiſte Moiſſon aagé de 35. ans. 230 piaſtres.

Iean Maſſé dit ſans ſoucy aagé de 40. ans natif de Pleuin. 230. piaſt.

*Des Eſueſchés de Cornoüaille, Triguier & S. Paul de Leon.*

Guillaume Stroum de Noſtre Dame de Folguoit Dioceſe de Leon

G ij

aagé de 30 ans 125. piaſtres &30.
pour les portes.

Gaſpar Sens aagé de 33. ans, 134. pia.

Yuon Eſtienne aagé de 32. ans, natif de Breſt 125. piaſt.

Guillaume Segaran aagé de 35. ans 125. piaſt.

Matthieu Lourdan aagé de 33. ans 125. piaſt.

François Seran aagé de 28. ans 125. p.

Normandie.

*De l'Eueſché de Coutancé.*

Iaques Boyuin de Blainuille aagé de 22. ans, 140. piaſt.

Michel Moreau aagé de 38. ans, de Blainuille 200. piaſt.

Iean Loyer aagé de 22. ans, de Blainuille 130. piaſt.

Iulien le Vicomte de Blainuille aagé de 25. ans, 120. piaſt.

Pierre Martin de Bras 125. piast.
Iulien le Maistre de Granuille 155. piastres.

Il est à remarquer que quatre de ceux-là ont esté prins sur vn vaisseau de S. Malo en Bretagne, en reuenant des terre Neufues.

Iean le Roux de Blainuille aagé de 35. ans, 125. piast.

### De l'Euesché de Roüen.

Salomon Moitié natif de la ville de Dieppe aagé de 47. ans, 146. piast.
Iacques Formentin de Dieppe 125. piast.

### De l'Euesché du Mans.

Mathurin Contard natif de Lucé aagé de 27. ans, 200. piast.

### De l'Euesché d'Angers.

Iacques Chameau d'Angers 125. piast.

*De l'Euesché de Paris.*

Marin Buch de S. Germain de l'Auxerrois de Paris 125. piast.

Champagne.

*De l'Euesché de Reims.*

François du Val de Vandresse Diocese de Reims 125. piast.

De Picardie.

*De Calais.*

Dominique & Philippe Trente freres, de proche de Calais, l'vn aagé de 33. ans, & l'autre de 34. n'ont cousté que les portes à 30. piastres chacun fait 60. piast.

*De Poictou.*

Iean Breguereau d'Olone 110. p.
Iean Cosmé d'Olone aagé de 31. an 100. piast.

athurin Pigeon d'Olone aagé
de 55. ans 125. piaſt.
Pierre Godefroy d'Olone aagé de
25. ans, 125. piaſt.
André Breton d'Olone 125. piaſt.
François Viuant d'Olone aagé de
18. ans, 200. piaſt.
Iacques Eſmir d'Oleron 125. piaſt.
André Eſmir d'Oleron 100. piaſt.
François Victor de Marenes 125.
 piaſtres.
Iean Munier de la Rochelle 125. p.
Iean Tenelot de la Rochelle 125. p.
Michel Guillot d'Oleron 125. p.
Iacques Chantereau de ſainct Gilles
 Diocese de Luçon. 190. p.

*De l'Eueſché de Xainctes.*

Iacques Baulineau de Rochefort
 aagé de 28. ans, 125. piaſt.
François Ioubert de Broüages 125.
 piaſtres.

## Gascogne.

### De l'Euesché de Bourdeaux.

André Monrou de Meschu 125. p.
Martial Chastaing de Bourdeaux 125. piast.

### De l'Euesché de Bayonne.

Pierre Chimel de Guy aagé de 45. ans, natif d'Ascquen 160. piast.
Thomas de Souhibat aagé de 40. ans, natif de S. Iean de Luz 200. p.
Martin d'Anistegny aagé de 30. ans, natif de Siboure 150. piast.
Marssans d'Arroupe aagé de 50 ans, natif d'Orogne 100. piast.
Iean de Ruger aagé de 40. ans, natif d'Orogne 100. piast.
Martin des Champs de Roigna Basque, 125. piast.
Pierre Agner de Bayonne 125. p.
Pierre

Pierre la Sale de Bearn 125. piaft.

## De Languedoc.

Anthoine Tournier aagé de 47. ans, natif de la ville d'Ade, 15. piaftres & 30. pour les portes.
François Menard de la Briere 125. p.
Iean de Gandobert de Caftellano 125. piaftres.

## Prouence.

### D'Aix.

Efprit Meffonnier d'Aix en Prouence 200. piaftres.

### De Marseille.

Claude Seguin de Marfeille 300. p.
François Natte aagé de 41. an 300. piaftres.
Manuel Faber aagé de 57. ans, 100. piaftres.

Clement Galliart 300. piast.
Pierre Preyre 300. piast.
Louys Blanc 150. piast.

*De Toulon.*

Iean Trufau aagé de 48. ans, esclaues depuis 15. ans, 300. piast.
Charles Esteue aagé de 36. ans, esclaue depuis 14. ans, 180. piast.
Iean Maunier 180. piast.
Melchion de Cugis de Toulon 300. piastres.
Esprit Bardy du Martignet 125. p.
François Ysambert du Martignet 125. piast.
Gaspar Guerin habitant de Toulon 130. piast.
Anthoine Guion habitant de Toulon 107. piast.
Anthoine Oliuier 150. piast.
Charles Serry Docteur en Medecine.

Les 64. esclaues sous escrits quelques vns desquels sont desia nommez cy-dessus, selon les Dioceses d'où ils sont, furent prins dans les vaisseaux de l'Hospital de l'armée nauale de France en l'année 1641. & ont esté racheptez par les susdits Peres Redempteurs pour la somme de cent vingt-cinq piastres pour chaque personne.

Champagne 125. piast.
Maistre Marin 125. piast.
Languedoc 125. piast.
Martin Basques 125. piast.
La Guerre 125. piast.
La Bierre 125. piast.
François Baptiste d'Oudon 125. p.
Esprit Bardier 125. piast.
Gaspar Suez 125. piast.
François Doudon 125. piast.
Les trois susdits sont de la ville de Toullon.

Anthoine Dalmas 125. piast.
Michel Vidal 125. piast.
François Porquier 125. piast.
Honoré Porquier 125. piast.
Iacques Audibert 125. piast.
Ioseph Boyer 125. piast.
Pierre Isuard 125. piast.
Augustin Martineau 125. piast.
Iean Iulien 125. piast.
Laurens Iulien 125. piast.
Ces dix sont de Prouence du lieu dit Six-fou.
Iully Boyer 125. piast.
Pierre Bressis 125. piast.
Louys Rougis 125. piast.
Pierre Marin 125. piast.
Denys Vidal 125. piast.
Iean Taulier 125. piast.
Ces six sont du lieu d'Aulier.
Marcelin Pan des Olieres 125. p.
Iean Grard de Curce 125. piast.
Vincent Fournier 125. piast.

Pierre Audibert de la Cieutat 125. p.
Guilhen Monoye 125. piast.
Christofle Gentiloy du Castel 125. p.
Cæsar Henaut de Bauce 125. piast.
Lion Rabes de la Gourdier 125. p.
Estienne Alonche de la Bourdier
 125. piast.
Benoist Marscelly de S. Maximin
Iean Bernoin de Beaucaire 125. pia.
Anthoine Vily de Freieux 125. piast.
Pierre Bertrand 125. piast.
Iean Tiché du Luc 125. piast.
Yuon Estienne 125. piast.
Guillaume Segaran 125. piast.
Mathieu Lourdan 125. piast.
François Scran 125. piast.
Ces quatre derniers sont de la basse
 Bretagne desia nommez.
André Monrou de Meschu Dioce-
 cese de Bourdeaux 125. piast.
Iacques Formantin de Dieppe 125. p.
Iacques Esmir d'Oleron 125. piast.

André Esmir d'Oleron 125. piast.
François Victor de Marenes 125. p.
Iean Munier de la Rochelle 125. p.
Iean Tenelot de la Rochelle 125. pia.
 Ces deux derniers desia nommez.
François Ioubert de Brouages, nommé, 125. piast.
Iean du Chemin, de S. Malo 125. p.
Estienne Pirou de S. Malo, 125. pia.
Martin du Champs de Roignac, Basque 125. piast.
Pierre Marin de Bras Diocese de Coustance 125. piast.
François Menard de la Bryere en Languedoc. 125. piast.
Pierre la Sale de Bearn. 125. piast.
Michel Guillot, d'Oleron 125. piast.
Girard Manuzel de Cousse Diocese de Langer 125. piast.
Thomas Brague de Breauieu Eusché de Massion 125. piast.
Le R. P. Frere Iacques Courinth

Religieux de l'Ordre de S. François de l'Obseruance d'Obignac Diocese d'Orange 125. piast.

Iacques Chameau d'Angers 125. piast.

Marin Buch de la Paroisse de S. Germain de l'Auxerrois de Paris, 125. piast.

Iean de Gandobert de Castellano, 125. piast.

Martial Chastaing de Bourdeaux 125. piast.

Louys Iulien de Lioure 125. piast.

Laurens Iulien 125. piast.

Michel Iulien 125. piast.

Iean Sicard 125. piast.

Ces trois derniers sont de Six-fours.

Iean Maurice de la Vicomté de Baieux aagé de 50. ans.

Thomas Rufaut de la Bastide de Ceron à la Comté de Foix aagé de 100. ans.

Guillaume Bochi de l'Isle Diocese de Lusson.

Iean Bouffe d'Olonne Paroisse de S. Hilaire de Talemon.

Pierre Martin de Narbonne.

François Raymon des Sables d'Olone.

Dominique & Philippe Trante de Calais.

Ces huict ayant leurs cartes franches se sont mis sous la protection des susdicts Reuerends Peres Redempteurs, & n'ont cousté que les portes que lesdits Peres ont payé pour eux (sans quoy ils estoient en danger de retourner dans l'esclauage) à raison de trente piastres pour chacune personne, comme ils ont faict pour vn chacun des autres Esclaues rachetez cy-dessus mentionnés. Et est encores à considerer qu'on ne met pas icy pour certai-
nes

nes raisons le nom de plusieurs Captifs.

Voila donc en destail le nombre de cette trouppe Chrestienne arriuée au port de Toulon, & voila ces deux Religieux Redempteurs plus glorieux que Moyse, d'auoir ainsi conduit les Enfans du Fils de Dieu iusques dans leurs terres. Neantmoins les Religieux & les Esclaues rachetés ne peuuent encore quitter le bord ny la Mer. La ville de Toulon s'estonnant de voir vne si grande trouppe de monde, & la méfiance estant mere de sureté, enuoye exprés aux Religieux porter deffence de ne sortir de leur bord, qu'ils n'ayent faict quarantaine, de peur qu'ils ne feussent chargés de mauuais air. Ces pauures Religieux qui n'estoient pas aprentifs à l'obeissance, qui auoient obey à Dieu, à leurs

Superieur aux Barbares & à la Mer mesme, trouuerent fort doux ce commandement de police, & exciterent leurs trouppes rachetées & libres à la patience, quelques iours s'estans escoulés & Messieurs de Toulon voyant bien qu'il n'y auoit point de danger, leur permirent l'entrée de leur ville.

Lesdits Religieux & les Captifs rachetés furent receus solemnellement, & processionellement par le Clergé de cette ville, qui les fut cõduire en la grande Eglise, où le *Te Deum*, fut chanté & autres prieres en action de graces, suiuy de Messieurs de la ville, & d'vne si grande multitude de peuple qu'il est presque incroyable qu'il s'en puisse rencontrer vn si grand nombre en cette ville là.

Les Religieux iugeant que ce

leur seroit vne charge incroiable, & des despens insupportables de conduire tout cet esquipage iusques à Paris, par la route qui leur fut reglée & enuoyée par le tres-Reuerend Pere Prouincial de leur Ordre, à qui ils auoient donné nouuelle de leur arriuée ; conclurent sous son adueu de donner congé à ceux de Toulon, comme ils firent en suite à ceux de Marseille, d'Aix, & d'autre part de la Prouence, arriuant dans lesdits lieux.

Ils se rendirent à Marseille & firent vne procession pompeuse, mais comme on desire esuiter la prolixité en ce petit cayer, aussi en retranche-t'on d'autres & diuers accueils qui leur ont esté faicts en toutes les bonnes villes de France, & suffit de dire, qu'ils passerent de Marseille à Aix, d'Aix à Arles, d'Arles à Auignon, à Nismes, à Montpellier, à Besiers, à Carcassonne, à Castelnaudari, ville depandâte du Diocese de S. Papoul, d'où est originaire le Patriarche de cet Ordre.

Le 21. du mois de May, ils arriuerent à Thoulouse, qui les veit auec des tendresses de ioye, & les Religieux de cet Ordre fondez en cette ville les furent receuoir à la porte S. Michel, & les menerent en leur Conuent au milieu d'vn grand peuple saintement curieux. On n'estend point icy la ceremonie remplie dautant de pieté que de magnificence qui se fit le lendemain iour de l'adorable Trinité : Les Captifs marcherent droict à S. Estienne, à la Daurade, & à S. Sernin vn des plus saincts lieux de la terre, & y rendirent à Dieu de nouuelles actions de graces.

De Thoulouse ils s'embarquerent sur la Garonne, & arriuerent à Agen le Mercredy au soir, Monseigneur l'Euesque leur donna sa benediction, & dequoy fournir à leur nourriture. Ils deslogerent, & passant à Cadillac ils se donnerent l'honneur d'aller saluer le Duc d'Espernon Gouuerneur pour le Roy en Guyenne, qui fut fort aise de voir & de considerer ces pauures Esclaues affranchis.

Bourdeaux les accueillit le Vendredy au soir, & furent conduits au Conuent de cet Ordre, & receus par le R. P. Nolasque Tillot Commandeur de ladite maison, qui leur fit d'abord vne exhortation digne de son esprit, & tesmoigna auec sa Communauté la ioye qu'ils prenoient d'vn si bel objet. De vous exprimer l'ordre de la Procession il seroit superflu, il suffira de dire que ces Religieux sont extremement cheris en cette ville. Vne bonne partie des Captifs estans fatiguez de leurs courses, supplierent les Religieux de leur donner congé, disant qu'il leur estoit impossible d'aller à pied iusques à Paris, leur requeste fut appointée, on congedia lors les Gascons, les Basques, ceux de Bearn & quelques Bretons qui trouuant l'occasion d'vn vaisseau qui prenoit route pour S. Malo, se mirent dedans, de telle sorte qu'il ne resta que trente-huit qui partirent de Bourdeaux auec deux Religieux destinez à les conduire le 31. May, & prenant le grand chemin de Paris passerent à Xainctes, à Poictiers, à Amboise, à Blois, à Orleans, & furent par tout receus, auec des admirables ceremonies.

Le 12. de Iuin les deux Religieux & la trouppe Chrestienne dont ils estoient les guides, arriuerent au Bourg-la-Reyne, où ils prirent haleine en attendant les ordres du tres-Reuerend Pere Prouincial qui estoit au mesme Conuent de Paris. Soudain qu'il eut appris leur arriuée il depescha deux de ses Religieux à S. Cloud pour saluer Monseigneur l'Archeuesque, & le prier de permettre qu'on receut en Procession dans la ville cette trouppe lassée, de trente-huit Esclaues, il le permit dautant plus librement qu'il iugea important d'exposer cette trouppe Chrestienne à son peuple, à celle fin de l'exciter à des dignes sentiments de pieté. En suitte de cette permission le tres R. P. Prouincial enuoya ces ordres qui portoient que les deux Religieux & les Esclaues se rédroient sur le midy chez les R. P. Iacobins du grand Conuent de la ruë S. Iacques, de l'adueu du R. P. Prieur, ce qui fut executé, & aussi-tost qu'on eust aduis qu'ils estoient arriuez au lieu assigné tous les Religieux du Conuent de Paris de cet Ordre sortirent processionellemēt de chez eux, accompagnés de huict ieunes garçons reuestus d'aubes, auec des chapeaux de fleurs sur leur testes & des palmes en leurs mains, & se rendirent en l'Eglise des R. P. Iacobins de S. Iacques, ou le R. P. François Faisant, l'vn des Redempteurs, (l'autre estant demeuré à Marseille pour les affaires de la Redemption) salua le tres R. P. Prouincial, luy baisa l'habit selon l'vsage de l'Ordre, luy fit sa harangue auec vn court recit de son voyage, & luy presenta ces Esclaues, & alors le

cœur

cœur de l'Eglise se trouua remply
de plus de cent cinquante Religieux tous habillez de blanc, de cet
Ordre tres-illustre de Predicateurs,
qui ioignans leurs voix auec leur
ioye entonnerent en action de gra-
ce vn *Te Deum*, auec autant de rauis-
sement que de solemnité, apres
quoy la Procession passa au milieu
d'eux rangez des deux costés de la
nef, & la Procession receut de l'encens par vn de cette Auguste Compagnie vestu d'vn riche Pluuial, les
Esclaues suiuoient dont les deux
premiers portoient les estendards
de leur liberté, dans l'vn estoit re-
presenté Iesus-Christ crucifié & sa
sacrée Mere, sous le nom de Nostre
Dame de la Mercy, institutrice de
l'Ordre, dans l'autre estoient peintes
les armes du Pape & de nostre Roy
tres-Chrestien : Cette Procession

K

marchant en bel ordre, & à l'air d'vne armée bien rangée, fila le lõg de la ruë S. Iacques, tourna droit au pont S. Michel, entra dans la ruë S. Denis, & gaigna la ruë S. Martin, pour se rendre au Cõuent de la Mercy, où le tres R. P. Ducor Docteur en Theologie, Commandeur dudit Conuent, qui les attendoit, les receut auec sa pieté ordinaire & des tesmoignages de haute charité. De dire icy l'affluence du peuple qui estoit dans les ruës & aux fenestres, tesmoignans par leurs cris les allegresses du rachapt de ces Chrestiens il seroit impossible. Enfin apres auoir chanté le *Te Deum* dans l'Eglise, on les fit entrer dans le Conuent, où on les traicta le plus charitablement que le lieu & la possibilité de la maison le pût permettre.

Le Mardy treiziesme, la Procession accompagnée de ce cher butin, sortit dudit Conuent de la Mercy, fut à l'Eglise de saincte Croix de la Bretonnerie, où les RR. PP. dudit Conuent donnerent des preuues de leur affection enuers les Religieux de cet Ordre & de ces pauures Esclaues, receuant les vns & les autres auec l'estendart de la Redemption, reuestus de Chappes, & le Superieur reuestu d'vn riche Pluuial, accompagné de Diacre & Soudiacre & Acholites donnoit de l'encens. Entrens dans l'Eglise l'orgue & le chœur entonnerent des loüanges au Souuerain Redempteur. Et de là marcha à S. Nicolas des Champs sa Paroisse, où elle fut receuë auec grande ceremonie, par Monsieur le Venerable Curé, orné d'vne riche stole accompagné de la plus-part

K. ij

de ses Ecclesiastiques, qui donna de l'eau beniste à tous les Religieux & aux Esclaues, & prit vn singulier plaisir de voir ces paures gens racheptés, comme il le fit paroistre en ce qu'il entendit la Messe, qui fut celebrée par le R. P. François Faisan Redempteur, & la Predication, qui fut faicte par le R. P. Nicolas Valette Docteur en Theologie Religieux de ce mesme Ordre, qui pour le peu de temps qu'il eut à se disposer, fit cognoistre au peuple accouru à la foule, qu'il n'estoit pas sterille en ses hautes conceptions, & reconduisit la procession en mesme estat qu'il l'auoit receuë iusques à la porte de son Eglise, laquelle continua en mesme ordre iusques au Conuent de la Mercy. Et ces paures Esclaues ayans prins leur refection furent visités de quantité de Seigneurs &

Dames de condition, qui les interrogoient de leurs miseres passées.

Le Mercredy quatorziesme, la Procession alla conduire ces pauures Chrestiens en l'Eglise de S. Louys ruë de S. Anthoine, où la Messe fut chantée solemnellement, & la Predication fut faicte par vn R.P. de cette illustre societé, qui fit assez cognoistre au peuple la solemnité de cette grande Redemption, la necessité qu'il y auoit de faire des aumosnes pour retirer le Religieux qui est en ostage pour les membres de Iesus-Christ, & le reste qui gemit encore sous les fers parmi les barbares Turcs.

Or comme la fin couronne l'œuure, la fin de les faire voir à Paris couronna aussi la Procession, laquelle le Ieudy quinziesme sortant de la Mercy, alla passer deuant S. Merry,

& deuant S. Euſtache, pour ſe rendre en la Parroiſſe S. Leu S. Gilles, dont les cloches par leur bruit auoit fait entendre au peuple, que ces pauures gens alloient prier ces ſaincts Patrons de leur obtenir des graces, à ce qu'ils peuſſent aller en leurs pays natal, laquelle fut receuë par les Eccleſiaſtiques de cet Egliſe; mais ſon hôneur s'augmenta de beaucoup & la gloire de cet Ordre eſclata dauantage, en ce que deux perſonnages de haute vertu & eſtime honorerent cette action de leurs perſonnes: la Grande Meſſe fut celebrée ſolemnellement par Meſsire André du Sauſſay Docteur és Droicts Protonotaire du S. Siege Apoſtolique, Curé de cette Egliſe, Vicaire General & Official de Monſeigneur l'Archeueſque de Paris, montrant par cette action de pieté & de Religion, la tendresse qu'il auoit de ces pauures Esclaues, & l'amour special qu'il porte à l'Ordre de la Mercy. Et la predication fut faite par Monseigneur l'Abbé du Plessis Praslin, nommé par sa Majesté à l'Euesché de Cominges, qui par ses subtiles pensées, par ses charmantes antitheses, par son elegance & haute eloquence, fit bien cognoistre qu'il ne possedoit pas moins la doctrine de l'Apostre pour la prescher, qu'il en auoit la pieté pour se charger de son Ministere. La Messe acheuée, la Procession retourna en mesme ordre au Conuent de la Mercy, & à l'ordinaire quantité de personnes vindrent voir ces pauure gens.

Le lendemain vne partie de ces pauures Esclaues furent menés à Ruel, où ils furent presentés à leurs Majestés, il suffit de sçauoir la sagesse du Roy dans son bas âge, & la pieté de la Royne Regente, pour dire & expliquer de quel œil ces pauures gens furent regardés.

Toutes ces pieuses actions finies l'on congedia ces pauures Esclaues, ausquels on donna des souliers, des chemises & de l'argent pour les conduire en leurs domiciles, & bon certificat signé du tres R. P. Prouincial & du Religieux Redempteur. Les vns prindrent la route de Normandie d'où ils estoient ; les autres des autres lieux, & la plus-part d'iceux estant de Bretagne prindrent resolution de s'en aller par Orleans pour de là prendre la riuiere iusques à Nantes, parce qu'ils auoient faict vœu d'aller à sainête Anne en Aurai Eueschè de Vannes, deuotion admirable, & qui s'augmente de iour en iour par les miracles de cette
grande

grande saincte, & par les prieres qui y sont faictes iour & nuict par les Reuerends Peres Carmes reformés establis en ce lieu. Le R. P. Prouincial iugea à propos de leur donner vn Religieux pour les conduire iusques là. Arriués qu'ils furent à Nantes, ils se donnerent l'honneur de saluër Monseigneur l'Euesque, qui tesmoigna grande ioye de les voir, & notamment en ce qu'il y en auoit de son Diocese, leur donna des preuues de sa pieté, ordonnant à son Aufmonier de leur faire la charité.

Ceux de sainct Malo estants arriués au lieu de leur naissance, ne trouuerent pas auoir assez faict d'actions de graces dans la plus part des Eglises de France, si dans leur ville mesme ils ne rendoient les mesmes actions en ordre de Procession, &

L

dans ce dessein le Religieux auec la plus part d'eux alla trouuer Messieurs les grands Vicaires & Messieurs du Chapitre, pour obtenir permission de faire Procession, ce qui fut aussi-tost obtenu que demandé. M. les Ecclesiastiques s'offrirent d'assister à cette Procession, qui fut à la verité vne des plus solemnelles qui se soit faicte en pas vn endroit, chaque Captif estoit conduit par deux petits enfants vestus en Anges, & chargés de quantité de pierreries; cette Procession sortit de l'Eglise de S. Sauueur pour se rendre à la grande Eglise, où la Musique entonna le *Te Deum*, & en apres la grande Messe fut celebrée au grand contentement de Messieurs du Clergé, de la Iustice & des Bourgeois, & en suite le R.P. Edmond Egreuille prescha à reprise dans l'Eglise Cathedrale, où il fit voir ce qui estoit du vœu de la Redemption que ceux de son Ordre professent & leur zele au rachapt de ces paures gens.

Mais si on a veu cette trouppe racheptée par les villes de France, si Paris a admiré la charité des Religieux de la Mercy, & si la Bretagne considere le zele qu'ils ont pour la deliurance de ses Naturels, tout le monde doit auoir des entrailles de compassion pour leur Pere detenu à la place de la plus part desdits Esclaues, qui n'ont pas vaillant vn sol, pour fournir à leur rachapt, & pour plus de deux mille François qui restent encore en Alger, gemissans sous la dure tyrannie de ces Barbares : Helas tout bon François doit icy auoir la pensée & ne feindre point d'emploier ses liberalités pour vn si digne sujet, imitant en cela l'Apostre, qui dit, qu'il faut faire du bien à vn chacun, mais principalement aux Domestiques de la Foy. Ce pauure Religieux est François, & il est Prestre, & tout le reste des Esclaues sont Chrestiens & Catholiques, & on est asseuré que les Religieux de la Mercy rendront vn fidel compte de l'employ des deniers de la Redemption, qui leur sont mis entre les mains, par deuant qui il plaira à sa Majesté, conformement à l'Arrest du Conseil priué du Roy, du 6. Aoust 1638. portant partage des Prouinces de France, entre les Peres de la Trinité & eux; Et ordondonnant que sans auoir esgard à l'opposition des Religieux de la tres-saincte Trinité, les lettres patentes du 28. Mars 1636. & Arrest du Conseil du 24. Iuillet audit an, se roient executées selon leur forme & teneur : & pour oster toute difficulté entre les parties, sa Majesté permit, tant audit Religieux de la Trinité, dits Mathurins, qu'aux Religieux de Nostre Dame de la Mercy, de faire conioinctement leurs questes dans l'estenduë de la ville & fauxbourgs de Paris, & à cet effect seront tenus tous les Curez & Marguilliers des Paroisses, de deliurer à chacun d'eux par moitié, ce qui aura esté aumosné par les particuliers, pour le rachapt desdits Captifs, dont les Curez & Marguilliers tiendront regiſtres, & seront tenus faire signer en iceux lesdits Religieux, lors qu'ils mettront les deniers entre leurs mains ; & pour les autres Prouinces du Royaume ordonne, qu'és Prouinces de Bretagne, Languedoc, Guyenne, Angoulmois, Pays d'Aunix, Xainctonge, Quercy, Bearn & Prouence, lesdits Religieux de la Mercy feront seuls les questes, à l'exclusion desdits Religieux de la Trinité, & seront tenus lesdits Religieux tant de la Mercy que de la Trinité, de rendre compte au Conseil de sa Majesté de trois en trois ans, de la recepte & employ desdits deniers. Lequel Arrest fut enregistré au Parlement de Rennes le 15. Mars 1640. portant deffense, du consentement du Procureur General, aux Religieux de la Trinité, de faire queste en ladite Prouince. Lequel Arrest du Conseil si solemnellement donné, a esté encore confirmé de nouueau en plein Conseil, par Arrest du 5. Aoust 1644. signé Carré: auec lettres patentes addressées aux Archeuesques, Euesques, Gouuerneurs & Lieutenans Generaux, Conseillers des Cours Souueraines, Baillifs, Seneschaux, & à tous autres Officiers, à ce qu'ils tiennent la main à l'execution desdits Arrests. Lesquelles lettres patentes ont esté enregistrées au Parlement de Rennes, du consentement du Procureur General du Roy, par Arrest du 5. iour d'Octobre 1644. signé Monneraie, pour en iouïr paisiblement selon la volonté du Roy.

F I N.

## ATTESTATION.

ANdré du Sauſſay, Preſtre, Docteur es Droicts, Protonotaire du S. Siege Apoſtolique, Curé de l'Egliſe S. Leu, S. Gilles à Paris, Vicaire General, & Official de Monſeigneur l'Archeueſque dudit lieu. Sçauoir faiſons que le Ieudy 14. de Iuin, les R R. PP. de l'Ordre de Noſtre Dame de la Mercy, Redéption des Captifs du Cōuent de Paris, ſont venus en Proceſſion en noſtre Egliſe de S. Leu, S. Gilles de noſtre licence & permiſſion, conduiſants trente-huict Eſclaues, du reſte de cent cinquante-cinq, rachepté par trois Religieux de leur Ordre en Alger, terre de Barbarie, dont l'vn eſt demeuré en oſtage audit Alger, pour le rachapt de la plus part d'iceux. Ont eſt ſolemnellement receus par noſtre Vicaire & autres Eccleſiaſtiques, & auons celebré la grande Meſſe, & la Predication y a eſté faite par Monſieur l'Abbé du Pleſſis Praſlin, nommé par ſa Maieſté à l'Eueſché de Cominges, à ces pauures Eſclaues, & au peuple qui s'y eſt trouué en grande affluence, & qui a receu grande edification de cette action. En foy de quoy nous auons ſigné les preſentes ce 18. Decembre 1644.

DV SAVSSAY.

*Permiſſion de Monſieur le Lieutenant Ciuil.*

Il eſt permis d'Imprimer le preſent Liure, & le vendre au public, ainſi qu'il eſt contenu en la permiſſion donnée à Paris le 13. Iuin 1644. ſigné.

DAVBRAY.

www.ingramcontent.com/pod-product-compliance
Lightning Source LLC
LaVergne TN
LVHW050600090426
835512LV00008B/1273